Plusieurs voix : poèmes

E. Nesbit

Writat

Cette édition parue en 2024

ISBN : 9789359943633

Publié par
Writat
email : info@writat.com

Contenu

LE RETOUR

L' herbe était grise avec la rosée de la lune,
les pierres étaient blanches lorsque je passais; j'ai descendu le chemin
près des treize ifs, à travers les blocs d'ombre que le clair de lune taille.
Et quand j'arrivais à la haute porte des lyques, j'attendais un moment.
où les cadavres attendent ; Puis je descendis la route où le clair de lune
gisait Comme le fantôme déchu de la lumière du jour.

Les chauves-souris hurlaient haut dans leur vol en zigzag,
Les ailes déployées des hiboux étaient silencieuses et blanches, Le vent
et les peupliers poussaient soupir pour soupir, Et tout autour se
trouvaient les bruissements timides, Petites créatures vivantes qui
aiment la nuit, Petites créatures sauvages timides et libres. J'ai réussi et
ils n'avaient pas peur de moi.

C'était par la prairie et le long du chemin
Le chemin pour revenir chez moi : À travers le bois où les amoureux
parlent, Et les fantômes, disent-ils, obtiennent la permission de
marcher. Je portais les vêtements que nous devons tous porter, Et non
on m'a vu marcher là, Personne n'a vu mes pieds pâles passer Par mon
allée de jardin jusqu'à l'herbe de mon jardin.
Mon jardin était tendu du voile du printemps
, des pruniers et des poiriers en fleurs ; il gisait dans la froide nappe de
lumière de la lune, dans les guirlandes et le silence, merveilleux et blanc,
comme une mariée morte parée pour son enterrement.

Puis j'ai vu le visage de ma maison
tenu tout près dans les bras des branches fleuries : j'ai penché mon
visage vers la fenêtre lumineuse pour sentir si le cœur de ma maison
battait bien. La lueur du feu l'a accroché avec de l'or intermittent ; il
faisait chaud comme la maison des morts est froid. J'ai vu les assises,
les bougies hautes, Les visages noirs appuyés contre le mur, Le bois de
hêtre poli et le laiton brillant, L'éclat de la porcelaine , l'éclat du verre,
Toutes les petites choses qui m'habitaient -
Tout est comme avant.

Alors j'ai dit : « Le feu de la vie brûle encore,
et je suis revenu d'où nul ne revient : je réchaufferai mes mains là où le
feu est allumé, je réchaufferai mon cœur au sein de celui-ci ! » J'ai donc
appelé à haute voix celui à l'intérieur : "Ouvrez, ouvrez et laissez-moi
entrer ! Laissez-moi entrer dans le feu et la lumière - Il fait très froid ici
la nuit !" Il n'y a jamais eu un mouvement ni un souffle qui réponde -
Seulement un silence aussi profond que la mort .

Puis j'ai frappé à la fenêtre, j'ai appelé et j'ai pleuré.
Personne ne m'a entendu, et personne n'a répondu. Le silence doré
était chaud et profond, et j'ai pleuré comme les morts, oubliés,
pleurent; et il n'y avait personne pour entendre ou voir, pour me
réconforter, pour avoir pitié de moi.

Mais au plus profond du silence, quelque chose remua —
Quelque chose qu'on n'avait ni vu ni entendu — Et deux
s'approchèrent de la vitre, s'embrassèrent au clair de lune et
s'embrassèrent encore, Et regardèrent, à travers mon visage, le linceul
lunaire, étendu sur les guirlandes. lit de jardin ; et — « Comme le clair
de lune est fantomatique ! » dit-elle.

De retour à travers le jardin, le bois, le chemin,
je suis revenu chez moi. Je portais les vêtements que nous devons tous
porter, et personne ne m'a vu marcher là. Personne n'a entendu mes
pieds maigres passer à travers le blanc des pierres et des gris de l'herbe,
Sur le chemin où le clair de lune taille des dalles d'ombre pour treize ifs.

Dans le creux où gisent les rêves à la dérive
Il fait bon dormir : il était bon de dormir : Mais mon lit est devenu
froid avec les gouttes de rosée, Et je ne peux plus dormir comme
avant.

POUR DOLLY
QUI N'APPREND PAS SES LEÇONS

TU vois les fées danser dans la fontaine,
Rire, bondir, étinceler sous les embruns ; Tu vois les gnomes, à l'œuvre
sous la montagne, Fabriquer de l'or, de l'argent et des diamants chaque
jour ; Tu vois les anges, glisser sur les rayons de la lune, Apporter du
blanc des rêves comme des gerbes de lys clairs; Vous voyez les
diablotins, à peine vus sur les rayons de la lune, S'élever de l'air bleu et
liquide du feu de joie.

Pour vous, tout l'enchantement, toute la magie cachée
dans les arbres et les fleurs est claire et vraie. Les gouttes de rosée dans
les feuilles de lupin sont des joyaux pour les fées ; Chaque fleur qui
souffle est pour vous un miracle. L'air, la terre, l'eau, le feu répandent
pour vous leurs splendides marchandises. Des millions de magies
implorent vos petits regards ; chaque âme que votre âme ailée
rencontre, vous aime et prend soin de vous. Ah ! pourquoi devons-
nous couper ces ailes et obscurcir ces yeux avec des livres ?

Bientôt, bientôt les lumières magiques s'atténueront,
les brumes des marais s'élèveront pour obscurcir le ciel radieux, la
poussière des routes dures voilera la lueur étoilée, les mains fatiguées
laisseront tomber la magie pliée. Les vents de tempête souffleront à
travers ces fermetures enchantées, les fées seront écrasées. où les
mauvaises herbes et la bruyère poussent fortement. . .Laissez-lui sa
couronne d'étoiles et de roses magiques,
Laissez-lui son royaume, elle ne le gardera pas longtemps !

DES QUESTIONS

QUE font les roses, maman,
Maintenant que l'été est fini ? Elles s'allongent dans le lit tendu de
rouge Et rêvent du soleil.

Que font les lys, maman,
Maintenant qu'il n'y a plus de juin ? Chacune s'allonge dans sa chemise
de nuit blanche Et rêve à la lune.

À quoi puis-je rêver, mère,
Avec la lune et le soleil partis ? D'une rose à naître, d'une épine inédite,
Et d'un lys qui vit un jour !

LES MARGUERITES

DANS le grand parc verdoyant avec les palissades en bois—
Les palissades en bois si difficiles à grimper,Il y a des fougères et des digitales, des primevères et des violettes,Et des choses vertes qui poussent tout le temps;Et à l'air libre les marguerites poussent,Jolies et fières dans leur des endroits appropriés, des millions de visages de marguerites à volants blancs, des millions et des millions – pas un ou deux. Et ils crient aux jacinthes des bois : « Êtes-vous dehors, êtes-vous dedans ? Nous avons été si bons tout au long de l'hiver scolaire, mais maintenant c'est l'heure de la récréation, la période gay, la période de mai ; nous sommes dehors et en train de jouer. Où es-tu?"

Dans le jardin graveleux à l'intérieur des balustrades,
les balustrades hérissées toutes peintes en vert, il y a de jolis petits parterres de géraniums et de fuchsia, sans jamais une bonne mauvaise herbe entre les deux. Il y a une jolie petite parcelle d'herbe, chauve par endroits, et très poussiéreuse au toucher ; un homme respectable. vient une fois par semainePour garder le jardin désherbé et balayé,Pour le garder tel que nous ne voulons pas qu'il soit conservé.Il coupe l'herbe avec sa tondeuse,Et nous pensons qu'il la coupe trop.Mais même sur la pelouse, elle est toute sèche et graveleuses, les marguerites jouent. Elles sont si courageuses et si jolies, vous ne pouvez pas les empêcher d'entrer.
Je les aime, je veux les laisser grandir,
Mais cet homme respectable dit non. Il leur coupe la tête avec sa tondeuse Comme la guillotine de la Révolution française. Il balaie les pauvres petites frimousses, Les chères petites têtes de marguerites à volants blancs. ; Dit que les choses doivent être conservées à leur place. Il n'a pas de fioritures autour de son visage laid : j'aimerais pouvoir trouver sa place !

LA PIERRE DE TOUCHE

IL Y avait un jardin très étrange et très beau
Avec toutes les roses que l'été n'apporte jamais. La fleur enneigée des
sources immortelles éclairait ses branches, et moi, même moi, j'étais là.
Il y avait de nouveaux cieux et la terre était nouvelle, Et pourtant je
disais à mon cœur que le rêve était vrai.

Mais quand le soleil s'est arrêté et que le temps s'est éteint
comme une bougie soufflée - quand elle est venue vers moi sous le
voile de mariée de l'arbre en fleurs, le vent du doute a soufflé dans le
jardin, et quand, avec des yeux et des lèvres étoilés trop près, elle se
penchait vers moi, mon cœur savait quoi craindre.

"Ce n'est pas un rêve", a-t-elle déclaré. « Quel rêve était resté
si longtemps ? C'est l'île bénie qui se trouve entre les marées des
éternités jumelles. C'est notre île ; n'ayez pas peur!" Alors, enfin, mon
cœur fut bien trompé ; J'ai caché mes yeux; J'ai tremblé et j'ai cru.

Sa présence réelle sanctifiait ma foi,
Sa voix même séduisait mes peurs agitées, Et c'était la Vie qui
m'étreignait quand elle souriait, Mais quand elle disait "Je t'aime !"
c'était la mort. Cela, cela du moins ne pouvait ni être ni paraître...
Oh ! alors, en effet, je savais que c'était un rêve !

LA ROSE DE DÉCEMBRE

VOICI une rose qui souffle pour Chloé,
Aussi belle qu'ait jamais été une rose en juin, Maintenant le jardin est silencieux, enneigé, Où était le brûlant midi d'été.

Dans la gloire estivale de votre jardin
Un pauvre coin, rangé et ombragé, Ne racontait aucune histoire rose et radieuse, N'a poussé aucune rose pour honorer sa dame.

Ce qui bloque le soleil bloque également la neige ;
De son coin, votre amant secret Montre à quoi poussent les roses méprisées Quand la rose que vous avez choisie est terminée.

LE FEU

Je CUEILLAIS des framboises, j'avais la tête dans les cannes,
et il est venu derrière et m'a embrassé, et je l'ai giflé pour ses douleurs.
Il dit : « Vas-y doucement ! Ce n'est pas la bonne façon de procéder !
Je t'aime chaud comme le feu, ma fille, et tu sais que tu le sais aussi.
Alors tu ne veux pas nommer le jour ? un jour d'été. Et je dis : « Tu
demandes en hiver, si ton amour est si chaud, Car c'est l'été
maintenant, et il fait beau, et j'ai les mains pleines », dis-je,
« Avec la foire de plus en plus proche, Et le village la danse et tout ; et
les dindonneaux sont petits, ainsi que les canards et les poussins, et le
foin pas encore en meules, et l' exposition florale aura lieu bientôt et la
cueillette du houblon à venir,
et la fructification et la récolte à la maison, Et ma nouvelle robe
blanche à confectionner, et la confiture à faire. Ne peux-tu pas laisser
une fille seule ? Ton amour est trop chaud pour moi ! Ne peux-tu pas
laisser une fille tranquille jusqu'à ce que les soirées arrivent, jusqu'à ce
que les feuilles soient maigrir,
jusqu'à ce que les feux soient allumés de bonne heure et que les rideaux
soient tirés pour le thé ?
C'est le moment de faire votre cour, si vous venez me faire la cour !

. . . . .

Et il l'a pris comme je l'avais dit, et pas comme c'était prévu.
Et il est parti.

. . . . .

Le foin était empilé, les fruits étaient cueillis, le houblon était sec et
brun,
Et tout était récolté, et l'année basculait, Et l'hiver arrivait, et les feux
étaient allumés tôt, Et il ne s'éteignait jamais . encore une fois, et toute
ma vie j'ai été malade.
Et j'avais froid, seul, avec rien d'autre à faire que de m'asseoir
, les mains sur mes genoux noirs, et d'entendre le tic-tac de l'horloge.
Pour mon père, il gisait mort, avec les bougies à sa tête,
et son cercueil était si noir que je pouvais le voir à travers le mur;
Et je les avais tous renvoyés, même s'ils m'avaient proposé de rester. Je
voulais avoir froid seul et apprendre à tout supporter. Puis je l'ai
entendu. Je l'aurais reconnu tout aussi clairement à son pas s'il avait
amené son régiment avec lui dans l'allée gelée et défoncée. Et je n'avais
pas tiré les rideaux, et je le vois à travers la vitre ;
Et j'ai bondi en noir et j'ai ouvert la porte en grand. Je dis : « Entrez,

car il fait froid dehors pour vous,
et il fait froid ici aussi ;
Et je n'ai plus de fierté. Il fait trop froid pour ça, m'écriai-je.

. . . . .

Puis j'ai vu sur son visage
la peur de la mort et le désir. Et oh, je l'ai pris et embrassé encore et
encore, et je l'ai serré de près et tout, en hiver, au crépuscule, dans la
maison tranquille, avec le cercueil gisait noir et plein de l'autre côté du
mur ; et « *Tu* me réchauffes le cœur, lui dis-je, s'il y a du feu chez les
hommes !
Et il a passé ses deux bras autour de moi, et j'ai alors senti le feu. Et j'ai
réchauffé mon cœur au feu.

CHANSON

Maintenant le printemps se réveille,
encore très timide, occupé à réparer, à fabriquer de l'herbe et des
violettes. Frowsy L'hiver est terminé : voyez le chemin naissant ! Allez
rencontrer votre amoureux : le printemps est de retour !

Chaque jour est plus long
Que la veille ; Les agneaux sont plus blancs, plus forts, Les oiseaux
chantent de plus en plus ; Les bois sont moins ombragés, Les chagrins
sont plus que vains – Allez embrasser votre dame : Le printemps est de
retour !

UNE SÉPARATION

ALORS au revoir!
C'est là que nous en terminons, vous et moi. La vie, c'est vivre, vous
savez, et la mort, c'est mourir ;
Alors au revoir!

J'étais à toi
Pour l'amour dans la vie qui aime pendant que la vie dure, Pour le
chemin terrestre que le vol vers le Ciel assure J'étais à toi.

Tu étais à moi
Pour l'instant qu'une guirlande met à s'enrouler, Pour l'heure humaine
que la sorcellerie montre divine Tu étais à moi.

Tout est fini.
Toi et moi ne sommes plus amour et amant ;
Il n'y a rien à chercher maintenant, à gagner, à atteindre, à découvrir.
Tout est fini.

LE DON DE LA VIE

LA VIE est une nuit toute sombre et sauvage,
Pourtant les étoiles brillent encore : Ce moment est une étoile, mon
enfant — Ton étoile et la mienne.

La vie est un désert sec et morne,
   Non rosé , impénétrable ;
Cette heure est une oasis, ma chère ; Ici, reposons-nous.

La vie est une mer d'embruns venteux,
Froid, féroce et libre : Une île enchantée est aujourd'hui Pour vous et
moi.

Oubliez la nuit, la mer et le désert : acceptez
le don suprême, et, du bref relâchement de la vie, faites un rêve
immortel.

INCOMPATIBILITÉS

SI tu m'aimais , je pourrais te confier jusqu'au bout de ton imagination Pendant que le soleil brillait et que le vent soufflait et que le monde tournait, Jusqu'au bout des mailles du filet le plus solide du diable. . .Si tu m'aimais, si tu m'aimais — mais tu ne m'aimes pas encore !

Je t'aime et je ne peux pas te faire confiance plus loin que la porte ! Mais les vents, les mondes et les saisons changent, et tu m'aimeras de plus en plus — jusqu'à ce que je te fasse confiance, mon cher, comme les femmes font confiance aux hommes — je te ferai confiance, je te ferai confiance, mais je ne t'aimerai plus !

LE DIEU VOLÉ
LAZARE AUX PLONGÉES

NOUS ne réclamons pas vengeance,
Nous ne gémissons pas de peur ; Nous avons crié dans les ténèbres
extérieures Où il n'y avait personne pour entendre. Nous avons crié à
l'homme et il n'a pas entendu ; Pourtant, nous pensions que Dieu nous
entendait prier ; mais notre Dieu, qui aimait et était désolé, notre Dieu
est enlevé.

À nous étaient le ruisseau et le pâturage,
À nous la forêt et les marais ; À nous étaient les créatures sauvages des
bois, Les baies et les fleurs sauvages et sucrées. Vous nous avez pris
nos héritages, Et c'est à peine si vous nous avez laissé économiser assez
de nos bois pour un berceau, Assez de notre terre pour une tombe.

Vous avez pris le bois et le maïs,
où nous labourions et abattions encore; vous avez pris la mine et la
carrière, et tout ce que vous avez pris, vous l'avez détenu. Les membres
de nos enfants sevrés, vous les avez écrasés dans vos moulins de
pouvoir; et vous avez fait travailler nos femmes qui portaient À l'heure
même qui porte.

Tu as pris nos désirs purs et rapides,
Notre joie en amant et en épouse, Notre espoir du coucher du soleil
tranquille À la fin du soir de la vie ; Tu as pris la terre qui nous portait,
Son sol, ses pierres et son gazon ; Tu as pris notre foi en les uns les
autres... Et maintenant vous avez pris notre Dieu.

Quand notre Dieu est descendu du ciel,
il est venu parmi les hommes, en tant qu'homme, mangeant, buvant et
travaillant comme le font les gens ordinaires; et les gens ordinaires l'ont
reçu
tandis que les hommes riches se détournaient.
Mais qu'avons-nous à voir avec un Dieu que les hommes riches prient
?

Il est suspendu à vos autels, Dieu mort,
qui a vécu comme un homme parmi les hommes. Vous avez enlevé
notre Seigneur et nous ne pouvons pas le retrouver. Vous ne nous avez
pas laissé une poignée de la terre qu'il a foulée. . .Vous avez fait de lui
l'idole d'un homme riche, qui est venu comme le Dieu d'un homme
pauvre.

Il a promis aux pauvres son paradis,
il a aimé et vécu avec les pauvres; il a dit que l'ombre du riche ne

devrait jamais obscurcir sa porte: mais les évêques et les prêtres se couchent doucement, boivent pleinement et sont pleinement nourris au nom du Seigneur, qui n'avait pas Où poser sa tête.

C'est le Dieu que vous avez volé,
comme vous volez tout le reste - en son nom. Vous avez pris la facilité et l' honneur ,
nous avez laissé le labeur et la honte. Vous avez choisi le siège de Dives, nous sommes couchés là où gisait Lazare ; mais , par Dieu, nous ne vous livrerons pas notre Dieu, vous ne l'enlèverez pas.

Tout le reste que nous avions, vous l'avez pris ;
Tout le reste, mais pas ceci, pas cela. Le Dieu du Ciel est à nous, est à nous, Et les pauvres sont à Lui, sont à Lui. Est-Il à nous ? Est-il à vous ? Donner une réponse! Car il ne peut pas être les deux. Et s'il est à nous, ô vous les hommes riches, alors à qui êtes-vous, au nom de Dieu ?

HIVER

TENEZ vos mains devant le feu ;
L'hiver est làAvec les jours courts et froids, Sombres, vifs et mornes. Y a-t-il déjà eu un jour Avec de l'aubépine le long du chemin Où avez-vous erré dans la douceur de la mi-mai Avec votre chère ?

C'était quand tu étais jeune
Et le monde était d'or ; Maintenant toutes les chansons sont chantées, Tous les contes sont racontés. Tu grelottes maintenant près du feu Où expirent les dernières étincelles rouges ; Les morts sont les délices et le désir : Tu es vieux.

COQUILLAGES

J'ai RASSEMBLÉ des coquillages sur le sable,
Chaque coquillage était une petite chose parfaite, Si frêle, mais puissant
pour résister aux secousses sauvages des vagues de la montagne. À
travers les tempêtes, aucun navire ne pouvait oser braver Les petits
coquillages flottent légèrement, sauf tout ce qu'ils auraient pu perdre de
leur forme fine. et couleur cristalline douce.

Pourtant, au milieu de la vague sauvage du monde, je
doute que mon âme puisse faire face aux conflits, aux vagues de
circonstances qui poussent ce léger navire sur les rochers de la vie. Ô
âme, sois courageuse, car Celui qui sauve la frêle coquille dans les
vagues géantes, apportera ton écorce chétive atterrit en toute sécurité
dans le creux de sa main.

ESPOIR

Ô GRIVE , est-ce vrai ?
Ta chanson parle d'un monde né de nouveau, de champs dorés avec
des renoncules, de forêts toutes bleues avec des cloches de jacinthes, de
primevères au fond de la mousse du chemin, d'une princesse endormie
et de chère magie à faire. Le soleil réveillera-t-il la princesse ? Ô grive,
est-ce vrai ? Le printemps reviendra-t-il ?

Le printemps reviendra-t-il ?
Maintenant, enfinAvec une douce brillance et de la pluieLa violette
sera-t-elle douce là où reposaient les feuilles mortes ? L'hiver sera-t-il
passé ? Dans le brun des bosquets
Les fleurs blanches du vent brilleront-elles Où tombent les dernières
feuilles de chêne ? Les marguerites viendront-elles aussi, Et le mai et le
lilas ? Le printemps reviendra-t-il ?
Ô grive, est-ce vrai ?

LE RETOUR DU PRODIGALE

Je TE TENDS la main !
Se baisser; prends ma main dans la tienne ; Conduis-moi là où je
voudrais être, Père divin. Je ne sais même pas Le chemin que je veux
suivre, Le chemin qui mène au repos : Mais, Toi qui me connais ,
Conduis là où je ne peux pas voir, Tu sais mieux .

Des jouets sans valeur, mais désirés,
m'ont poussé à errer au loin. Père, je suis si fatigué ; Je suis rentré à la
maison. L'amour que j'avais si bon marché, je le vois, si cher, si
profond, si presque compris. La vie est si froide et sauvage, je suis ton
petit enfant - je *serai* bon.

L'ALARK

" C'EST l'alouette qui vient." Dommage !
Ton nom est Robert-à-Cockney : Robert-à-Field saurait sûrement que
les alouettes, bénis-les, n'y vont jamais !

. . . . .

Amour de ma vie, témoigne ici
Comment nous les avons entendus toute l'année ; Comment se déroule
le chant de l'alouette ? Les jours que nous ne pourrons jamais oublier.
À Rustington, vous souvenez-vous ? Nous avons entendu les alouettes
en décembre ; En janvier au-dessus de la neige Ils ont chanté à nous
par Hurstmonceux
Une fois dans les airs les plus vifs de MarchNous les avons entendus
près de Marble Arch; leur chanson d'avril a ravi l'air de Tonbridge ;
May les a trouvés chantant partout ; et oh, à Sheppey , comment leur
air
rimait avec le parfum de fleur de haricot en juin. Un jour inoubliable à
RyeIls ont chanté une chanson d'amour en juillet ; en août, près de la
ville de Lewes, ils ont chanté de joie 'entre le ciel et le bas ; et pendant
le sort doré de septembre, nous les avons entendus chanter sur Scaw
Fell. Les feuilles d'octobre étaient brunes et sèches, mais les alouettes
chantaient par Teston Weir ;

. . . . .

Monsieur-à-Field, allez, allez,
Allez à l'est et à l'ouest et au sud et au nord; Vous trouverez toujours
les ajoncs en fleurs, Trouvez à chaque heure l'heure des amoureux,
Et, par ma foi en l'amour et en la rime,
L'alouette chante tout le temps !

CHANSON DU SAMEDI

ILS parlent de jardins de roses,
et de clair de lune sur la mer, de montagnes et de neige et de lueurs de
coucher de soleil ,
mais je sais ce qui est le mieux pour moi. Le plus joli spectacle que je
connaisse, vaut toutes vos roses et votre neige, c'est l'éclat de la lumière
un samedi. la nuit, Quand les brouettes sont alignées.

J'ai entendu parler de bazars en Inde,
pleins de paillettes, d'épices et d'odeurs, mais ils ne se comparent pas à
la flamme du naphta et aux harengs que vend le coster ;
Et les oranges empilées comme de l'or, Les concombres maigres et
froids, Et les parures de blocs rouges et blanches Et les fraises fraîches
et mûres, Et les pois et les haricots, Et les pousses et les légumes verts,
Et les pommes de terre, les pieds et les tripes.

Et les magasins où ils vendent les chaises,
Les mangles, les tables et la literie, Et les amants passent par paires, Et
regardent — et pensent au mariage. Et ta copine a son bras dans le tien,
Et tu murmures et la fais rougir. Oh! le claquement dans ses yeux — et
ses sourires et ses soupirs Alors qu'elle a envie de la peluche violette !

Et tu n'as pas un sou à dépenser,
Mais tu rêves que tu as des kilos et des kilos ; Et bras dessus bras
dessous avec ton seul ami Tu fais ta tournée du samedi : Et tu vois le
berceau lumineux Avec du ruban — de la dentelle — rose et blanc ; Et
elle arrête son rire Et tu laisses tomber ta balle Dans la lumière du
samedi soir. Et le monde est nouveau
Pour elle et toi —
Un peu de bien.

LE CHAMPION

Jeune et conquérant, une fois par jour,
l'Hiver blanc et sauvage partait par là ; Avec son épée de glace et sa
bannière de neige, il vainquait l'Été et l'abattait.

L'hiver était alors jeune, jeune et fort ;
Maintenant il est vieux, il a régné trop longtemps. Il sera mis en
déroute, il sera tué ; l'été reviendra chez lui !

Voyez le champion de l'été réveiller
les petites armées sur le terrain et freiner : « Le roi Hiver a été cruel et
froid ; combattez pour l'été, combattez pour la reine ! »

D'abord l'aconit parsème le moule
de petits boulets ronds d'or ; puis, pour aider à la déroute de l'hiver, des
régiments de crocus défilent.

Voyez briller les épées des feuilles du drapeau ;
Voyez le bouclier de la chélidoine, Et les lances des jonquilles vertes et
vives, Pour lutter pour l'été, combattez pour la Reine.

Argent triomphant, le perce-neige balance
des bannières qui se moquent des rois vaincus ; et partout où le vert de
l'herbe nouvelle apparaît, voyez la gamme de lances victorieuses.

Les trompettes des jonquilles sonneront bientôt
sur le champ de bataille du jardin, et de charmantes dames se
presseront pour voir la longue procession de la victoire.

Petites marguerites aux volants enneigés,
Tulipes courtoises et jonquilles douces, Primevère et primevère, amis
bien rencontrés Avec l'oseille blanche et la violette.

Des centaines de laitières par champ et par bergerie ;
Des milliers de renoncules léchées avec de l'or ; des haies, des bois et
des arbres en herbe : le printemps leur apporte liberté et vie.

Alors le printemps triomphant chevauchera
la campagne heureuse ; au fond des bois les oiseaux chanteront : « Le
roi est mort, vive le roi ! »

Mais Printemps n'est pas un roi, mais un chevalier fidèle ;
Il chevauchera à travers les prairies lumineuses jusqu'à ce qu'aux pieds
de Summer il l'éclaire et dépose à ses pieds la couronne royale.

Elle se penchera là où les roses s'entrelacent
Entre l'éclat argenté des arbres de mai, Et regardera dans les yeux du
chevalier mourant Qui a dirigé son armée et a gagné son combat.

Elle se penchera sur ses lèvres et dira :
« Oh, vis, ô amour ! Ô mon véritable amour, reste ! » Pendant qu'il
sourit et soupire, ses bras entre eux Et meurt pour l'été, meurt pour la
Reine.

LE JARDIN REFUSÉ

IL existe un jardin fait pour notre plus grand plaisir,
Où tous les rêves que nous n'osons pas rêver deviennent réalité. Je le sais, mais je ne connais pas le chemin. Nous glissons et dégringolons dans la nuit douteuse, Où tout est difficile et nouveau, Et les nuages que notre souffle a obscurcis le jour.

Les villes vides et malheureuses, où luttent les hommes malades, accomplissant toujours un travail qui n'est encore jamais terminé ; Les hymnes à l'or qui noient leur voix désespérée ; Les mauvaises herbes qui poussent là où autrefois le maïs vivait, La noire injustice qui éteint le soleil : Celles-ci sont notre part, puisqu'elles sont notre choix.

Pourtant, là, le jardin regorge de roses sur roses,
Les pelouses ensoleillées et tachetées d'ombre sont là ; Là sont les lys immortels, d'une douceur céleste. Ô roses, qui pour nous ne s'ouvriront pas ! Ô lys, que nous ne cueillirons ni ne porterons ! Ô pelouses couvertes de rosée que nos pieds n'ont pas foulées !

CES PETITS

" Et le jardin que j'ai donné ? "
Dieu m'a dit : « As-tu été diligent pour favoriser et sauver la vie des
fleurs et des arbres ? Comment les roses ont-elles prospéré, les lys que
j'ai donnés, les jolis miracles parfumés que le printemps et l'été
viennent apporter ?

« Mon jardin est beau et cher »,
dis-je à Dieu ; « je l'ai préservé des épines et des orties. Son gazon est
garni de vert. La rose est rouge et brillante, Le lys est un délice vivant ;
Je n'ai pas perdu une fleur de toutes les fleurs qui ont béni mes heures.

"Et l'enfant que j'ai donné?"
Dieu m'a dit : « Le petit, petit pour lequel je suis mort et que je t'ai
confié ? Comment ont poussé les fleurs qui ont été semées dans son
âme, les beaux miracles vivants de la jeunesse, l'espoir, la joie et la
vérité ?

« Le visage de l'enfant est tout blanc,
dis-je à Dieu ; il pleure la nuit de froid et de faim : ses petits pieds ont
foulé le trottoir boueux et froid. Il n'a pas de fleurs à retenir, et dans
son âme les fleurs que tu as déposées. êtes morts. » « Espèce d'idiot !
Dieu a dit.

LE DESPOT

LA moisissure du jardin était humide et froide ;
L'hiver avait eu sa volonté brutale. Depuis tout le contenu de l'année,
ses légions dévastatrices sont allées.

Les bannières lumineuses du printemps sont arrivées : là se sont réveillés
des millions de petits gens en pleine croissance
qui se réjouissaient de savoir que l'hiver était terminé, rendaient grâce et
luttaient vers le soleil.

Ce n'est pas le cas des élus ; réservés et lents
Pour faire confiance à un soleil étranger et grandir, Ils hésitaient, se
recroquevillaient et se cachaient, En attendant de voir ce que les autres
faisaient.

Pourtant, même eux, un peu, ont grandi,
ont produit des feuilles fraîches au jour et à la rosée, et ont élevé leurs
têtes formelles dans leurs plates-bandes désignées.

Le jardinier vint : il aimait froidement
Les fleurs qui vivaient comme il l'approuvait, Qui poussaient
convenablement et convenablement Comme lui, le despote, le voulait.

Il vit les sauvages fleurir plus courageux
et plus brillants que n'importe quel esclave cultivé ; pourtant, comme il
ne les avait pas placés là, il les détestait parce qu'ils étaient justes.

Alors il déracina, une à une,
Les choses libres qui avaient aimé le soleil, Les graines heureuses,
avides et fécondes, Qui ne savaient pas qu'elles étaient de la mauvaise
herbe.

L'ANNEAU MAGIQUE

TON contact sur ma main est du feu,
Tes lèvres sur mes lèvres sont des fleurs. Ma chérie, mon seul désir,
Chère couronne de mes jours et de mes heures. Chère couronne de
chaque heure et jour Depuis toujours ma vie a commencé. Ah ! laissez-
moi... ah ! va-t'en... Nous sommes deux femme et homme.

S'allonger dans tes bras et voir
Les étoiles se fondre dans le soleil ; Jusqu'à ce qu'il n'y ait plus de toi et
moi, Puisque toi et moi sommes un. Perdre mon âme à ton souffle,
Mettre mon cœur à nu devant ta vie — C'est la mort, c'est c'est la mort,
c'est la mort ! Je ne suis pas ta femme.

Les heures vont et viennent,
Mais plus jamais une telle heure Où les marées immortelles coulent Et
la vie est un déluge, une fleur. . .Attendez la sonnerie; il est fort, il a une
magie de puissance pour rendre tout ce qui était splendide et faux
sordide et juste.

PHILOSOPHIE

LE sage boudeur daigne à peine voir
ce joli monde de soleil, d'herbe et de feuilles ; pour lui, tout n'est
qu'illusion ; seulement il est réel au milieu des visions qu'il perçoit.

Je ne suis pas un sage, et pourtant, par décret de l'Amour,
Pour moi aussi le monde est un masque d'ombres, Et moi aussi une
ombre, puisque pour moi La seule chose réelle dans la vie, c'est toi.

LE TOURBILLON DU TEMPS

DEVANT tes pieds,
Mon amour, ma douce, Voici ! ton esclave s'incline; et dans ses mains, d'autres pays, il t'apporte une autre couronne.

Car dans des climats lointains,
Dans les temps passés, Moi aussi j'étais royal : Oh, j'ai été Un roi, ma reine, Qui suis pour toi ton esclave !

LA MAGIE

QUEL est le sort qu'elle m'a lancé ?
La vie était une chose utile commune, Un chantier éligible Pour tenir une maison pour m'abriter. Il n'y avait pas de chuchotement dans les bois ; Pas de rêves inimaginables la nuit À propos de cette maison aux ailes repliées, Désordonnant ma vie pour moi.

J'étais si en sécurité jusqu'à ce qu'elle vienne
Avec des secrets étoilés dans les yeux, Et sur ses lèvres la parole de puissance. — Comme la lune de mai, elle est venue, Cela rend fous les hommes nés sages — Dans sa main la seule fleur que l'Homme ait jamais eue. arrachée du Paradis ; elle est donc venue dans ma maison à moitié construite.

Elle a transformé mon terrain utile
En un jardin sauvage et beau, Où les étoiles en guirlandes pendaient comme des fleurs : Une terre belle, solitaire et éclairée par la lune. De sombres bosquets et des fontaines scintillantes embrassaient là un écrin secret de écrins, Et dans son cœur aux anneaux de roses nous étions seuls dans ce pays enchanté.

Quel était le sort que j'avais tissé pour elle,
pour défaire sa chère et folle magie ? La rose rouge meurt, la rose blanche meurt, Le jardin me recrache avec elle Sur la vieille route de banlieue que je connaissais. Ma maison a disparu, et à mes côtés Un étranger se tient avec des yeux en colère et des lèvres qui jurent que je l'ai ruinée.

WINDFLOWERS

QUAND j'étais petit et bon,
je me promenais dans les bois pommelés Où poussaient de légères
fleurs des vents blanches, Et des jacinthes lourdes et bleues.

Les giroflées flottaient de lumière,
comme des papillons blancs et brillants ; les jacinthes tremblantes se
tenaient au cœur du bois.

J'ai rassemblé le blanc et le bleu,
La forêt sauvage et humide à travers, Avec des mains trop idiotes et
trop petites Pour les serrer et les porter tous.

Certains sont tombés de mes mains et sont morts
sur le côté herbeux du chemin de la maison ; et ceux que mes mains
affectueuses ont pressées sont morts avant les autres.

TEL QUEL

SI vous et moi
avions des ailes pour voler – de grandes ailes comme celles des
mouettes – comment pourrions-nous planer au-dessus du rugissement
de choses inutiles !

Nous nous élèverions tous les deux
à travers des cieux changeants vers un espace bleu et sans nuages, et
sans crainte ni peur, nous rencontrerions le soleil face à face.

Mais nous ne connaissons pas les ailes ;
Les plumes ne poussent pas pour nous porter si haut ; Et bas dans
l'obscurité d'une petite pièce, nous pleurons et disons au revoir.

AVANT L'HIVER

LE vent pleure dans la nuit,
comme un enfant perdu ; les vagues se brisent merveilleusement,
blanches et sauvages.

Les doigts des branches torturées
Saisis par l'explosion S'accrochent aux fenêtres de ta maison Fermées
rapidement. Et l'enfant perdu de l'amour, du désespoir, Pleure dans la
nuit, Se rappelant comment autrefois ces fenêtres étaient ouvertes et
lumineuses.

LA VOÛTE
APRÈS SEDGMOOR

VOUS n'avez pas besoin d'appeler à l'auberge ;
J'ai commandé mon lit : des draps de lin de bonne qualité et un testeur
de plomb. Aucun parfum de moisi et de renfermé, comme celui des
chambres d'auberge, n'est conservé, mais tapissé de contenu et
suspendu de sommeil.

La porte de mon auberge ne porte aucune barre.
Installée contre la peur. Les invités ont voyagé loin, ils sont heureux
d'être ici. Là où l'arche humide se courbe en gris, longtemps, longtemps
allons-nous mentir; les hommes du bon roi sont tous, un homme du
roi, je .

Le vieux Giles, endormi dans sa pierre,
s'est battu à Poictiers .
Piers Ralph et Roger gardent le butin de leurs années de combat. Je
coucherai enfin avec mes gens dans un lit tranquille; je rêverai de l'épée
tenue fermement dans une tête ronde.

Une bonne histoire d'hommes racontée
à mon auberge; et leurs mains tiendront la paix qui détenaient autrefois
des épées.

Nous ne supporterons pas le toast
de l'amour ou du roi ; nous sommes tous trop fatigués pour nous
vanter de quoi que ce soit. Nous sommes stupides qui avons plaisanté
et chanté ;
Nous reposons ceux qui ont travaillé et fait la guerre. . .
Criez une fois, criez une fois pour le roi. Criez une fois pour l'épée !

SE RENDRE

OH , les nuits étaient sombres et froides,
Quand mon amour était parti. Et la vie était difficile à retenir Quand
mon amour était parti. J'étais sage, je n'ai jamais donné Ce qu'ils
apprennent à une fille à sauver, Mais je me souhaitais son esclave
Quand mon amour était parti.

J'étais toute seule la nuit
Quand mon amour est rentré à la maison. Oh, quelle pensée de bien ou
de mal Quand mon amour est rentré à la maison ? J'ai ouvert la porte
en grand Et j'ai tiré mon amour à l'intérieur ; Il n'y avait plus de honte
ni de fierté Quand mon amour est rentré à la maison .

VALEURS

M'AS -tu trompé ? Ai-je confié
un cœur de feu à un cœur de poussière ? Depuis longtemps le monde
était juste, et tu m'as donné la rose du monde à porter.

C'était le moment de vivre ! Fleurs,
Soleil, étoiles et heures magiques, L'été sur moi, Le paradis au-dessus,
Et tout semblait immortel, même l'Amour.

Eh bien, la rose mortelle de ton amour valait
Les douleurs de la mort et les douleurs de la naissance ; Et les épines
peuvent être plus tranchantes que la mort, qui sait ?
Cette foule autour de la tige d'une rose immortelle.

DANS LE PARC DU PEUPLE

BIEN DES fois j'ai trouvé ton visage
Frais comme un bouquet de fleurs en mai, M'attendant chez nous À la
fin de la journée de travail.
Bien des fois, j'ai tenu ta main
Sur le siège ombragé du Parc du Peuple, Et j'ai béni la rangée
tonitruante du groupe Et je t'ai embrassé là dans le noir.

Bien des fois tu as promis la vérité,
tu l'as juré avec des baisers, j'ai juré avec des larmes: "Je n'épouserai
personne sans toi - si nous devons attendre des années." Et maintenant
c'est un autre type dans le parc
qui te tient la main comme J'avais l'habitude de le faire ; et j'embrasse
une autre fille dans le noir, et j'essaie de croire que c'est toi !

JOUR DE MARIAGE

L' heure enchantée,
Le berceau magique, Où, couronné de roses, L'amour se dévoile.

« Embrasse-moi, mon amant ;
Fini le doute, Fini l'attente ; L'amour illumine notre accouplement ! »

"Mais les roses se fanent,
des vents froids soufflent ici, une seule chose dit, chérie, l'amour vit un
jour, chérie!"

« Vous tenez compte de ces vieilles histoires ?
Nouvelles gloires éclatantesEfface ces mensonges, mon amour
!Regarde dans mes yeux, mon amour !

« Ah, mais le monde sait...
Rien de la vraie rose ; le monde glisse, mon amour ! Donne-moi tes
lèvres, mon amour !

"Même si leurs mensonges étaient vrais,
aurais -tu été sage de
jurer, au portail de l'Amour, que le dieu est immortel."

LA DERNIÈRE DÉFAITE

À TRAVERS le champ du jour,
dans un blason soudain, la barre d'or pâle était portée sur le bouclier du
jour. La nuit avait duré si longtemps, et maintenant le jour devenait fort
avec une lance de lumière pour tenir la nuit à distance.

Ainsi , dans la nuit morne de ma vie,
la splendeur de ta lumière
a traversé le bouclier sombre et a brillé d'un éclat doré. J'ai porté
tes couleurs à travers tout le combat désespéré, et celles-ci, avec la vie,
je les cède, ce soir, à la nuit.

AU SECOURS

« VEUX -tu y aller a-maying, a-maying, a-maying,
venir et être ma reine de mai et cueillir le mai avec moi ?
Les champs sont pleins de boutons de marguerites et de nouveaux
agneaux qui jouent, L'oiseau est sur le nid, ma chérie, la fleur est sur
l'arbre.

"Si je pars avec toi, si je pars en mai,
Pour être ta reine et porter ma couronne en ce brillant jour de mai,
S'égarer main dans la main, ce ne doit être que jouer, Et la récréation se
termine au coucher du soleil, et puis bonne nuit .

« Car j'ai entendu parler de jeunes filles qui riaient et se déchaînaient,
sortaient reines, perdaient leurs couronnes et revenaient esclaves. Je ne
serai pas l'esclave d'un jeune homme, se soumettant et obéissant,
portant des chaînes comme celles-là, même jusqu'à leurs tombes. »

« Si vous venez en venant, en égarant, en jouant,
nous cueillirons les petites fleurs, assez pour vous et moi ; et quand le
jour mourra, finissons notre journée de jeu, donne un baiser et prends
un baiser et pars. maison libre.

VERT GRETNA

HIER soir, quand je t'ai embrassé,
mon âme s'est enflammée ; et oh ! comment tu m'as manqué le reste de
la nuit—jusqu'à ce que l'amour en dérision Smote dorme avec ses
ailes,et m'a donné en vision des choses impossibles.

Une nuit nuageuse,
De longues fenêtres endormies; Des avenues sombres encombrées De
secrets à garder. Une terrasse, un amant, Un pied sur l'escalier; L'attente
était finie, La dame était là.

Quel vol, quelle nuit !
Les sabots éclaboussèrent et martelèrent. L'obscurité s'évanouit dans la
lumière Et les premières notes d'oiseaux résonnèrent. Tu dormis sur
mon épaule, La nuit timide cachait ton visage ; Mais l'aube, plus
audacieuse, plus froide, A vu notre étreinte.

Tes lèvres vermillon,
Ta forme ravissante, Le postillon flagellant, Le village agapé, Le hochet
et le tonnerre De la chaise de poste a-speed. . .
Ma femme, mon émerveillement, Mon ultime besoin !

Nous deux, assortis pour l'accouplement
, sommes enfin arrivés,
les mains serrées , là où le forgeron attendait pour nous enchaîner
rapidement. . .Au contact de la chaîne, le rêve s'est brisé et est tombé...
Et je me suis réveillé avec votre lettre
qui m'a dit adieu.

L'ÉTERNEL

TA grâce chérie et désirée,
Tes mains, tes lèvres rouges, La merveille de ton visage parfait
S'effacera, comme les doux pétales de roses répandus, Quand tu seras
mort.

Tes beaux cheveux
La poussière dans la poussière reposera — Mais pas la lumière que j'y
adore, L'or dont le soleil te couronne — Cela ne mourra pas.

Tes beaux yeux
seront fermés avec de l'argile ; mais toute la magie qu'ils contiennent,
les espoirs, les rêves, les extases ne disparaissent pas.

Tout ce que je désire et vois
sera une charogne ; mais tout ce que tu as été pour moi est et ne pourra
jamais cesser d'être. Ô Tombe ! où est ta victoire ? Où, Mort, ton
aiguillon ?

LE POINT DE VUE : I.

je

IL n'y a jamais eu d'hiver, seulement l'été : les roses,
Roses, blanches et rouges, Le jardin riche et chaleureux se ferme ;
Arbres tranquilles et pelouses aux ombres tachetées, Lys argentés,
murmure de réséda, Tissu d'or de renoncules étendus ; Bon soleil d'or
qui m'a embrassé quand nous nous sommes rencontrés, Ombres de
nuages flottants sur une prairie ensoleillée. Dans le champ de foin,
parfumé, gris, aimant la vie et l'amour, je m'allongeais ; par l'air frais
soufflé, je m'endormais ; j'y dormais et rêvais. L'hiver était le rêve.

II

L'été n'a jamais existé, il n'y a toujours eu que l'hiver ;
Froid et glace et gel Seulement, poussé par le vent glacial, seul, Dans un
monde d'étrangers, dans le chaos des flaques d'eau et du vent méchant
et de la neige fondue, Aveuglé par les grêlons crachant, perdu Dans une
rue amère et inconnue, j'ai trouvé une porte, accroupi là pour juste un
abri, accroupi et luttant en vain pour respirer, maudissant le froid et
souhaitant la mort; accroupi là, rassemblant en quelque sorte de la
chaleur pour dormir; dormi et rêvé là. L'été était le rêve.

LE POINT DE VUE : II.

je

DANS le bois des causes perdues, la vallée des larmes,
Les vieilles espérances, comme les feuilles mortes, étouffent le chemin
difficile ; Des pignons sombres se replient humides autour de l'âme, et
elle entend : « Il fait nuit, il fait nuit, il n'a jamais fait jour. Tu as rêvé du
jour, de la rose des délices; C'était toujours des feuilles mortes et le
cœur de la nuit. Bois donc profondément et repose-toi, ô voyageur
insensé, Car la nuit, comme un calice, tient le sommeil dans ses mains.
.»

II

Alors tu vides la coupe sombre, et, à moitié drogué alors que tu
es allongé Dans les bras du désespoir masqué comme le délice, Tu
frémis au fracas des ailes blanches, et tu entends : « C'est le jour, c'est le
jour, il a il n'y a jamais eu de nuit ! Tu as rêvé de la nuit et du bois de
feuilles perdues ; ses mains."

MARIE DE MAGDALA

MARIE de Magdala se coucha ;
Il n'y avait pas de rideaux moelleux autour de sa tête ; elle n'avait pas de
mère qui valait le petit bébé qu'elle avait mis au monde .

Marie de Magdala gémit et prie :
« Ô Dieu, j'ai très peur ; car de mon corps souillé par le péché, tu
m'ordonnes de faire un petit enfant.

« Ô Dieu, j'ai détourné mon visage de toi
vers ce que les anges ne peuvent pas voir ; comment puis-je faire, de
ma profonde honte, un enfant dont l'ange verra ton visage ?

« Ô Dieu, j'ai péché, et je sais bien
que les douleurs que je porte sont les douleurs de l'enfer ; mais la
pensée de l'enfant que le péché a donné est comme la pensée des airs
du ciel. »

Marie de Magdala retenait son souffle
Dans l'emprise de la douleur comme les douleurs de la mort, Et à
travers son cœur, comme le couteau mortel, Passaient les douleurs de la
joie et les douleurs de la vie.

"Nous deux sommes deux seuls", dit-elle,
"et nous sommes deux qui devraient être trois ; maintenant, qui
habillera mon bébé avec les petits vêtements que portent les bébés ?"

Deux anges arrivèrent, avec des ailes tranquilles
et des mains pleines d'objets pour bébés ; et le nouveau-né fut baigné et
habillé, et reposé sur le sein de sa mère.

"Maintenant, qui signera sur son front la marque
Pour le protéger des puissances des ténèbres ? Qui sera le parrain de
mon bébé ?" "Moi, le Seigneur Dieu, qui suis mort pour toi."

« Maintenant, qui le réconfortera s'il pleure ;
Et qui l'allaitera peu à peu ? Car mes mains sont froides et mes seins
sont secs, et je pense que mon heure est venue de mourir.

« Je dorloterai ton fils comme le ferait une mère ;
Et ses lèvres reposeront là où reposaient celles de mon propre Fils.
Viens, ma chère petite, viens à moi ; la Mère de Dieu t'allaitera.

Marie de Magdala riait et soupirait ;
«Je n'ai jamais mérité d'enfant», s'écrie-t-elle. «Cher Dieu, je suis prête à
aller en enfer, puisque tout va bien avec mon petit.»

Alors le Fils de Marie s'est penché sur elle.
"Pauvre mère, tes larmes t'ont lavé. Tes dernières douleurs, elles seront bientôt terminées, et ma Mère te rendra ton fils."

De l'herbe gelée pour un lit porteur,
Un halo de givre autour de la tête d'une femme, Et des gens pieux qui regardaient et disaient : « Une terne et son enfant feraient mieux de mourir. »

LE RETOUR À LA MAISON

C'ÉTAIT notre maison. Nous sommes arrivés à cela,
éclairés par l'amour, la torche allumée, et dans cette chambre, la porte bien verrouillée, je t'ai enfin serré contre mon cœur.

C'était notre maison. En cela nous savions
ce que le temps et le destin pouvaient faire de pire. Tu as laissé la pièce nue, la porte grande ouverte, tu ne m'aimais plus .

Où autrefois pendait le gentil rideau chaud
Le tissu fantomatique de l'araignée est jeté; Le scarabée et le cloporte se glissent Où autrefois j'aimais ton doux sommeil.

Pourtant, le sort disparu perdure,
Que cette maison, notre maison, est toujours la vôtre. Ici, malgré toutes ces années d'intervalle, je peux toujours te serrer dans mon cœur !

ÂGE À LA JEUNESSE

LE LEVER DU SOLEIL est dans tes yeux et dans ton cœur
L'espoir et le désir lumineux du matin et du mois de mai. Mes yeux
sont pleins d'ombre et ma partie de la vie est hier.

Pourtant, tends ma main, ta main, et asseyons-nous
Et voyons ta vie se dérouler comme un parchemin, Riche de blasons
illuminés, digne de ton âme qui porte les bras.

Mon âme aussi porte des armes, mais le parchemin est enroulé serré,
Et pourtant la seule bande de luminosité fanée montrée Proclame que
quand c'était splendide dans la lumière, Son blason correspondait au
vôtre.

EN ÂGE

LE vin de la vie était rude et nouveau,
Mais doux au-delà de toute croyance, Et le mal était faux, et le bien
était vrai — La rose était dans la feuille.

Dans ce bon soleil, nous connaissions
bien les teintes du bien et du mal ; nous avons dormi parmi les roses
pendant la longue nuit enchantée.

Maintenant, à nos yeux, obscurcis par les années,
le bien s'entremêle au mal. Comment pouvons-nous entendre, avec ces
oreilles fatiguées, le vieux chant magique ?

Mais ceci, nous le savons : le vin était autrefois rouge,
les roses étaient rouges et chères ; autrefois à nos oreilles les vérités
étaient dites Que maintenant les jeunes hommes entendent !

MAGIE BLANCHE

C'EST la pièce dans laquelle elle est venue,
et le printemps lui-même est venu avec elle ; elle a attisé le feu de la vie,
elle a appelé ici toute la musique. Son regard sur les murs blancs et
maigres les a accrochés avec un tissu de splendeur ,
et toujours la rose elle abandonnée rappelle Les grâces qui
l'accompagnent.

La même pauvre chambre, si terne et nue
Avant, en consécration, Elle soufflait sur son air commun La vraie
transfiguration . . .?Cette chambre est la même dans laquelle elle est
venue Pendant une minute immortelle ?—Comment
peut-elle jamais être la même Depuis qu'elle y a été une fois !

DU PORTUGAIS

je

QUAND j'habitais dans le village de la jeunesse,
il y avait des lys dans tous les vergers, des fleurs dans les jardins
d'orangers que les mariées devaient porter dans leurs cheveux. C'était
toujours le soleil et l'été, des roses à chaque treillis, des rêves dans les
yeux des jeunes filles, l'amour dans les yeux des hommes.

Quand j'habitais le village de la jeunesse
Les portes, toutes les portes étaient ouvertes;Nous entrions et sortions
en riant,Rions et nous appelionsPour nous montrer nos carénages,Le
nouveau châle, le nouveau peigne, le nouvel éventail, La nouvelle rose,
la nouvelle amante.

Maintenant, je vis dans la ville de mon âge
Où il n'y a ni vergers, ni jardins. Ici aussi, toutes les portes sont
ouvertes, Mais personne n'entre ni ne sort. Nous sommes assis seuls
près de la pierre du foyer Où les souvenirs reposent comme des
cendres Sur un foyer froid ;

Et eux du village de la jeunesse
Courent à nos portes en riant, S'appelant pour se montrer Le nouveau
châle, le nouveau peigne, le nouvel éventail, La nouvelle rose, le nouvel
amant.

Autrefois, nous avions toutes ces choses,
Nous les cachions aux vieillards, Et maintenant les jeunes les ont Et ne
nous les montreront pas, À nous qui sommes vieux et n'avons rien,
Sauf les cendres blanches, encore entassées, Sur le foyer où le le feu
s'est éteint il y a très longtemps.

II

J'avais une maîtresse ; Je l'aimais.
Elle m'a laissé des souvenirs amers, Corrodant, rongeant mon cœur
Comme l'acide ronge l'acier Gravant le portrait triomphant. Intolérable,
indélébile, Ne s'effaçant jamais.

Une femme était à moi dans mon cœur,
Belle fleur de mon jardin, Lily que j'adorais le jour, Rose parfumée de
mes nuits. Maintenant le vent nocturne soupirant Souffle des pétales de
roses blanches seulement Sur le lit où elle dort Seule, sans rêve.

J'ai eu un fils; Je l'ai aimé.
Mère de Dieu, rends témoignageComme toute ma virilité l'a aimé

Comme ta féminité a aimé ton Fils ! Quand il fut devenu viril, Il crucifia mon cœur, Et même s'il pendait en sang, Il rit avec ses audacieux compagnons, Se moqua et se détourna En riant dans la nuit.

Ces trois-là, je les ai aimés et perdus ;
Mais il y en avait une qui m'aimait de tout le feu de son cœur. Le mien était l'autel sacré
où elle brûlait sa vie pour mon culte.
Elle était mon esclave, ma servante ; à moi tout ce qu'elle avait, tout ce qu'elle était, tout ce qu'elle pouvait souffrir, pouvait être. C'était l'amour de ma vie, je n'ai pas dit : « Elle m'aime » ; j'étais tellement habitué à elle. Amour, je n'ai jamais demandé son nom, jusqu'à ce que, sentant le vent froid où toutes les portes étaient laissées ouvertes, et voyant un foyer sans feu et le jardin désert et envahi par les mauvaises herbes, qui était autrefois plein de fleurs pour moi,
je dis : « Qu'est-ce qui a changé ? Qu'est-ce
qui a fait arrêter toutes les horloges ? » J'ai donc demandé et ils ont répondu : « C'est ta mère qui est morte. »

Et maintenant je suis seul.
Mon fils aussi, un jour, se tiendra ici, là où je me tiens et pleure. Lui aussi pleurera, connaissant trop tard l'amour qui entourait sa vie.
faible.Il ne pouvait pas supporter comme je peux.Mère, ma chère, demande à Dieu de m'accorder cela, pour mon fils !

LE NID

C'ÉTAIT l'alouette que nous entendions
chanter si haut, le petit oiseau frémissant que nous voyions, et le ciel.
La terre était baignée de soleil, le ciel était baigné de chants ; nous nous
couchions dans l'herbe et écoutions, longtemps, longtemps et
longtemps.

J'ai dit : « Quel sortilège l'a
fait s'élever Pour déverser son monde de bonheur Dans ce monde de
cieux ! » Vous avez dit : « Quel sortilège doit passer Entre ciel et plaine,
Depuis qu'elle trouve dans ce monde d'herbe Son nid encore!"

LA VIEILLE MAGIE

GRISE et le ciel est gris ;
Ce sont des fantômes de notre bleu, brillant hier ; Et gris sont les seins des mouettes qui crient Comme des âmes torturées dans un mauvais rêve.

Il y a du blanc sur les ailes de la mer et du ciel,
Et blanches sont les ailes des mouettes qui tournent, Et blanche, comme la neige, est le voile qui repose Où l'amour pleure sur ses souvenirs.

Car le mort est mort, et son linceul est fait
de bien non trouvé et de mal non recherché ; cependant, de la bonne magie de Dieu surgit toujours la résurrection des choses saintes.

Voyez, l'or et le bleu de notre hier
dans les yeux et les cheveux d'un enfant qui joue ; et le charme de joie que notre jeunesse a séduit est tissé à nouveau dans le rire de l'enfant.

FOI

Un MUR
gris et haut, et un ciel gris, et un crépuscule froid; et c'est tout ce que
mes yeux voient. Mais je sais que, invisible, au-delà du mur, sur une
pelouse de fleurs vertes et blanches tombent dans la lumière
décroissante; et au-delà de la pelouse, des rideaux sont tirés des fenêtres
lumineuses. Et à l'intérieur elle bouge avec ses mains gracieuses et le
cœur qui aime et qui comprend, attendant de secourir les âmes pauvres
dans le besoin,
et de lier de sa bénédiction les cœurs qui saignent.

Je sais tout, même si je ne peux pas voir ;
Mais le clochard fatigué, sale et malade, dans l'humidité du soir, dans le
froid pur du printemps, ne sait pas qu'il y a le cœur à prendre soin de
ceux comme moi et de ceux comme lui. Il s'affale et voit seul le gris du
ciel. et le gris de la pierre.

Seigneur, quand mes yeux ne verront que du gris
Dans tout ton monde maintenant si vert, je me souviendrai de ce jour
de printemps et de la maison d'accueil, connue mais invisible, du mur
qui cache et de la foi qui révèle.

LA MORT D'AGNES

MAINTENANT que le soleil meurt dans mes yeux,
Et que le clair de lune pousse dans mes cheveux, Moi qui n'ai jamais été très sage, Jamais très belle, Vierge et martyre toute ma vie, Que me reste-t-il la vie, qui n'ai jamais été mère ni épouse, Vous n'avez jamais obtenu de permis de vivre ?

Rien de la vie ne pourrais-je saisir ou réclamer,
Rien ne pourrait voler ou sauver. Alors quand tu viens graver mon nom, Donne-moi la vie dans ma tombe. Pour me garder au chaud quand je dors seul Un mensonge est peu à donner ; Appelle-moi « Madeleine » » sur ma pierre, même si je suis mort et n'ai pas vécu.

EN DIFFICULTÉ

C'EST pour rien : je l'ai perdu maintenant.
Je suppose que ça devait être le cas ; mais oh, je n'y ai jamais pensé de
lui, ni il n'y a jamais pensé de moi. Et tout cela pour un baiser lors de
votre soirée, Et un champ où l'herbe était en bas . . .Et il est parti pour
Dieu sait où, et je pourrais aller en ville.

Le pire de tout a été ce qu'il a dit
la nuit où il est parti ; il a dit qu'il m'aurait assez bien épousé si je n'avais
pas été si gay. Moi, gay ! Quand j'avais pleuré, et que je ne lui avais rien
demandé, Mais il a dit qu'il m'aimait tellement ; et tout ce qu'il voulait
me semblait juste. . . Et comment une fille pouvait-elle le savoir ?

Eh bien, la rivière est profonde et les gens noyés dorment
profondément,
et c'est peut-être la meilleure chose à faire ; mais quand il m'a fait une
lumière d'amour, il a fait de moi une mère aussi. J'ai eu assez de péchés
pour durer. mon temps, si c'était un péché comme je l'ai obtenu, mais
ce n'est pas un péché de rester aux côtés de son enfant
et de travailler pour cela jusqu'à ma mort.

Mais ah ! les longues journées et les longues nuits de mort
Quand je le sens bouger et tourner, Et pleurer seul dans mon lit simple
Et compter ce qu'une fille peut gagner Pour acheter au bébé les
morceaux de choses *qu'Il* aurait dû acheter, de droit ;
Et je me demande s'il pense à Nous. . . Et s'il dort profondément la
nuit.

GRATITUDE

J'ai TROUVÉ un chat affamé dans la rue :
il réclamait de la nourriture et une place près du feu. Je l'ai ramené à la
maison et je me suis efforcé de répondre aux exigences de son désir.

Et comme son désir était un peu de poisson,
Un peu de foin et un peu de lait, Je lui ai donné de la crème dans un
plat d'argent Et un panier garni de soie.

Et quand nous sommes arrivés à la pause reconnaissante
Quand il aurait dû flatter la main qui se nourrissait, Il s'est transformé
en un diable toutes dents et griffes, M'a griffé, m'a mordu et s'est enfui.

Payer le poisson, le lait et le foin
Avec un ronronnement avait été une tâche facile : Mais sa haine et mon
sang devaient payer Pour les cadeaux qu'il ne demandait pas.

À LA DERNIÈRE

OÙ es-tu, toi dont le souffle aimant
seul peut empêcher mon âme de mourir ? Le monde est si vaste que je
le cherche à travers, pourtant – oserais-je rêver de te gagner ? Peut-être
que tes chers pieds
désirés me dépassent dans cette rue grise et boueuse. le visage, peut-
être, a son sanctuaire Dans cette maison terne qui est à côté de la
mienne. Mais je crois, ô Vie, ô Destin, Que lorsque j'invoquerai la Mort
et que j'attendrai Un instant à la porte qui ne se ferme pas, je me
retournerai pour un dernier regard Le long de ce qui est piétiné,
manières sordides, Et au coucher du soleil, vois enfin, Tout comme la
porte grillagée me retient fermement, Ton visage, ton visage, trop tard.

PEUR

SI tu étais ici,
Les espoirs, les rêves, les ambitions, la foi disparaîtraient, noyés dans
tes yeux ; et je devrais toucher ta main, oubliant tout cela maintenant
que je comprends. Car tu confonds ma vie avec des souvenirs d'extases
inoubliables qui étaient, et ne sont pas, et ne pourront jamais être ; . .
.Ah! garde la terre entière entre toi et moi.

LE JOUR DU JUGEMENT

QUAND le fardeau et l'action seront terminés,
et qu'il n'y aura plus rien à faire ni à supporter, Dieu nous verra et nous
jugera le genre d'hommes que nous étions ; et nos péchés, si laids et si
lourds, nous les traînerons devant lui, et les jetterons. descendez-les au
pied du trône, Foul sur les marches de la lumière.

Nous n'aurons ni honte ni peur,
même si les anges sont tous à portée de main, car il examinera notre
fardeau et il comprendra. Il se tournera vers les petits anges, impatients
d'entendre et d'obéir, et de montrer du doigt le péché purulent. charge
avec « Enlevez ces déchets ! »

Alors les marches seront débarrassées des fardeaux
que nous avons jetés à ses pieds ; et nous serons lavés dans les larmes
du Christ, et nos larmes baigneront ses pieds. Et la moisson de tous
nos péchés, la honte de ce moment sera récoltée – quand nous regarde
dans les yeux qui nous aiment et sache que nous les avons fait pleurer.

UN ADIEU

AU REVOIR AU revoir; ce n'est pas difficile de s'en séparer !
Tu as mon cœur – le cœur qui bondit pour entendre ton nom appelé
par un écho dans un rêve ; Tu as mon âme qui, comme un ruisseau
tranquille, reflète ton âme qui se penche si chère, si proche — Tes
battements de cœur rythment mon cœur.

Que pourrait donner de plus la Vie si nous lui donnions la permission
de donner, et que la Vie devrait nous donner la permission de prendre
? Seuls les bras de l'autre, les yeux de l'autre, les lèvres de l'autre, les
secrets tenaces qui ne sont que des mots écrits pour rendre compte de
ce que le cœur et l'âme accomplissent.

Ceci, seulement cela, nous le cédons, mon amour, mon ami,
Aux yeux implacables et au souffle flétri du Destin. Nous sommes
toujours à vous et à moi, même si, à cause du vol du Temps, Mes bras
sont vides et vos bras privés. Il n'est pas difficile de se séparer, pas plus
difficile que la Mort ; Et chacun de nous devra finalement affronter la
Mort !

À L'HÔPITAL

A l'ombre d'un frein d'aubépine,
Où les jacinthes des bois dessinent le ciel jusqu'au bois, Où, aux feuilles
mi-brunes, les primevères s'éveillent Et les violettes cachées sentent la
solitude; Sous les feuilles vertes palpitées par l'aile Du printemps
éphémère, beau et immortel J'aurais dû dire : « Je t'aime » et tes yeux
auraient dit : « Moi aussi . . . » Les dieux ont vu autrement.

Car c'est l'hiver, et les rues de Londres
sont pleines de soldats venus de cette mêlée féroce et lointaine, où la
vie connaît la mort, et où la pauvre gloire rencontre le visage plein de
honte, pleure et se détourne. Et dans le bois étranger brisé et piétiné est
l'horreur, et la terrible odeur du sang, Et l'amour brille, tremblant,
comme une étoile qui se noie, Sous l'ombre des ailes de la guerre.

1916.

PRIÈRE EN TEMPS DE GUERRE

MAINTENANT, la mort est proche, et très proche,
dans ce tourbillon sauvage d'horreur et de peur, quand autour du
vaisseau de notre État roulent les grandes vagues de haine. Dieu ! Nous
n'avons qu'une seule prière aujourd'hui : ô Père, apprends-nous à prier.

Car la prière est forte et très forte ;
Mais nous nous sommes détournés de toi si longtemps pour suivre des
dieux qui n'ont de pouvoir qu'à l'heure sûre et sordide, que nous avons
perdu le chemin jusqu'à tes pieds. . .Ô Père, apprends-nous à prier.

Nous avons fait du mal, et très mal,
Nous avons opposé notre volonté à Ta volonté. Pour que nos vies
douces se gorgent, rassasiées, Nous avons volé le pain quotidien de nos
frères. Seigneur, nous sommes désolés de nous être égarés - Ô Père,
enseigne-nous comment prier.

Maintenant, en cette heure de lutte désespérée
Pour la vie de l'Angleterre, sa vie même, Apprends-nous à prier pour
que la vie soit Une vie nouvelle, belle pour Toi, Et entre tes mains cette
vie à remettre. Ô Père, apprends-nous à prier.

1915.

AU SÉJOUR

PARTEZ , puisque vous le devez, mais, très chère, sachez
que, l'honneur vous ayant invité à partir,
votre honneur , si votre vie est dépensée,
aura un monument coûteux.

Ce cœur, ce feu et ces roses est
Sous la magie de ton baiser, Se transformera en marbre si tu meurs Et
sera ton effigie immortelle.

1914.

INVOCATION

L' Esprit des Ténèbres, le Prince de la Puissance de l'Air,
La terreur qui marche la nuit et l'horreur du jour, Les légions du Mal,
alertes, éveillées et conscientes, Se pressent autour de lui à chaque
heure ; et je prie ici seul, loin.

Dieu! appelle tes légions pour combattre aux côtés de mon amour,
que les sièges des puissants soient renversés devant lui, ô Seigneur,
envoie de fortes ailes d'anges pour le protéger en dessous et au-dessus,
que le glorieux Michel dégaine son épée implacable.

Que toute l'armée du Ciel prenne part à mon cher dans son combat,
Afin que les armées de l'Enfer soient dispersées comme la balle dans
l'explosion, Et que les trompettes du Ciel sonnent juste pour le
triomphe du Droit. Inspirez-le, protégez-le et ramenez-le enfin
vainqueur à la maison.

Mais si… ah, mon Dieu, donne-moi la force de ne rien retenir
maintenant !…
Si la vie de ma vie est requise pour ton splendide dessein, donne les
lauriers à son pays, bien que son front soit froid et sans couronne. . .
Tu as donné ton Fils pour le monde, et ne dois *-je* pas donner le mien ?

1914.

À ELLE : EN TEMPS DE GUERRE

AUTREFOIS , j'ai fait pour vous des chansons,
des rondelles, des triolets, des sonnets ; des vers que mon amour
jugeait dus, des vers que votre amour a trouvé juste. Maintenant les
larges ailes de la guerre pendent, comme celles d'un faucon, sur
l'Angleterre, ombrageant les prairies et les bosquets ; les amants sont
muets.

Pourtant, il y a une chose à dire
avant de partir au combat, pas maintenant la parole d'un poète mais la
parole d'un homme à sa compagne : Chère, si je ne reviens jamais, que
ce soit ta fierté que nous ayons donnée l'espoir de nos cœurs, les uns
aux autres, pour le bien de l'Espoir du Monde.

1915.

LES CHAMPS DE FLANDRE

DERNIÈRE , les champs étaient tous joyeux et gais
Avec des marguerites et des mai d'argent ; Il y avait des coupes royales
en or au bord de la rivière Et des étoiles de primevères sous chaque
haie.

Cette année, les champs sont piétinés et brunis,
Les haies sont brisées et abattues, Et là où poussaient les primevères,
Sont de petites croix noires alignées.

Et la fleur des espérances et les fleurs des rêves,
Les projets nobles, féconds et beaux, L'arbre de vie avec ses fruits et
ses bourgeons, Sont foulés aux pieds dans la boue et le sang.

Les saisons changeantes apporteront à nouveau
La magie du Printemps dans nos bois et nos plaines : Bien que le
Printemps soit si vert comme jamais on ne l'a vu, Les croix seront
toujours noires dans le vert.

Le Dieu des batailles jugera l'ennemi
qui a piétiné notre pays et l'a abattu. . .Dieu! Tenez-nous la main au
jour du jugement, de peur que nous ne remboursions tout ce que nous
leur devons.

1915.

LE PRINTEMPS EN TEMPS DE GUERRE

MAINTENANT, la neige du prunellier saupoudrée
s'étend le long du chemin des amoureux, où nous allions l'année
dernière, où nous n'irons plus.

Dans la haie les bourgeons sont nouveaux,
Près de notre bois les violettes scrutent — Tout comme les violettes de
l'année dernière aussi, Mais elles n'ont pas de parfum cette année.

Chaque oiseau a le cœur de chanter
De son nid, réchauffé par sa poitrine ; Nous avions le cœur de chanter
au printemps dernier, Mais nous n'avons jamais construit notre nid.

Actuellement les roses rouges soufflées
Rendront tout le jardin gai. . .Les pâquerettes n'ont pas encore poussé
Sur ton argile.

1916.

LA PRIÈRE DE LA MÈRE

C'ÉTAIT mon petit fils
qui sautait et riait sur mes genoux : corps que nous avons fait avec
amour, âme faite avec amour par toi. C'était le mystère dans lequel
j'adorais ta grâce ; c'était le signe pour moi : le dévoilement de ton
visage. . .Ceci, qui se trouve sous tes cieux, nu comme le jour où le sol
du ciel s'est effondré et où la gloire de Dieu a brillé, où le monde a été
rendu nouveau et où ta parole s'est faite chair pour moi. . . Il repose là,
nu jusqu'à ton ciel, ô Seigneur Dieu, vois !

Corps qui était dans le mien
Un sortilège secret et sacré,Petites mains que j'ai embrassées Piétinées
par les bêtes en enfer. . .Une beauté et une grâce croissantes. . . Oh, tête
qui reposait sur ma poitrine. . .Cassé, battu, brisé. . . Corps qui a poussé
comme une fleur ! Tout ce qui m'a été promis lors du jour royal de ma
vie. Chaque promesse brisée — Seulement un fantôme et de l'argile !

Ô Dieu, je m'agenouille à tes pieds ;
Je pose mes mains dans les tiennes : tu as donné ton Fils pour le
monde,
et ne donnerai *-je* pas le mien ?
Seulement... ô Dieu, aie pitié ! Toutes mes défenses sont tombées :
Dieu, j'accepte la Croix, Donne *-lui* la Couronne !

Par tout ce que mon amour a porté,
Par tout ce que portent toutes les mères, Par l'angoisse patiente infinie,
Par la prière incessante,
Par les pensées qui tranchent comme un couteau vivant, Par les larmes
qui ne sèchent jamais, Prends ce qu'il est mort pour Te gagner – Dieu,
prends Ta victoire !

Nous avons veillé jusqu'à ce que la lumière s'éteigne,
Et regardé l'aube s'éveiller ; Nous avons vécu difficilement et à peine
réussi Pour l'amour de nos fils. Tout ce qu'il y avait de bon sur ta terre,
Tout ce qui nous a appris du Ciel, Tout ce que nous avions dans le
monde que nous avons donné. Nous prions avec les mains vides et le
cœur raidi par la douleur. Ô Dieu ! Oh mon dieu! Oh mon dieu! Que le
sacrifice ne soit pas vain. Ceci est son sang, Seigneur, vois ! Son sang
qui a été versé pour toi ; ta bannière est teinte dans cette marée rouge
Seigneur, prends ta victoire !

Dieu! donne à tes anges le pouvoir
de combattre comme il a combattu, de disperser les armées du mal, de
réduire à néant leurs vantardises — Gabriel avec la trompette de

bataille . . . Michael, qui brandit ton épée. . .Respire ton esprit sur eux,
déploie ta force, ô Seigneur. Vois, Seigneur, ceci est son corps, brisé
pour toi, pour toi. . .Mon fils, mon petit fils, Qui a bondi et ri sur mes
genoux.

"PUISQUE VOUS NE L'AVEZ PAS FAIT . . . »

Si Jésus venait à Londres,
venait à Londres aujourd'hui, il n'irait pas dans le West End, il viendrait
par chez nous ; il parlerait avec les enfants en dansant au son de l'orgue
dans la rue, et dirait qu'il était leur grand frère, et donne-leur à manger.

Il n'irait pas dans les manoirs
où vivent les charitables ; il viendrait dans les immeubles d'habitation
où nous n'avons rien à donner.
Il venait si gentil et si simple, et nous offrait de la bière et du pain, et
nous disait comment nous devrions nous comporter ; Et nous
essaierions de nous soucier de ce qu'Il a dit.

Dans les églises chaleureuses et lumineuses du West End,
ils chantent, prêchent et prient, ils nous appellent « frères bien-aimés »,
mais ils n'agissent pas de cette façon. Et quand il arrivait à la porte de
l'église, il criait haut et fort : « Arrêtez. cette prédication et cette prière
Et montrez ce que vous avez fait pour Moi.»

Alors ils disaient : « Ô Seigneur, nous avons donné
aux pauvres des couvertures et des tracts, et nous avons essayé de les
rendre sobres, et nous avons essayé de leur enseigner des faits. Mais ils
se faufilent pour boire... magasiner, et mettre en gage les couvertures
contre de la bière, et nous les trouvons très ingrats, mais nous
persévérons quand même.

Alors il disait : « Je vous ai dit
la fois précédente que j'étais ici, que vous étiez tous frères, vous tous
pour qui j'ai souffert. Je n'entrerai pas dans vos églises, je m'arrêterai au
soleil dehors.
Tu fais sortir les hommes tes frères,
Les hommes pour lesquels je suis mort !

Hors de nos logements bestiaux,
depuis les arches et les portes, ils devraient faire ce qu'il leur disait, ils
devraient nous appeler. Des millions et des millions et des millions,
épais et rampants comme des mouches, nous devrions ramper vers le
soleil et n'ayez pas peur de ses yeux.

Il verrait à quoi ressemble l'image de Dieu
Quand les hommes ont fait face à la même chose, Ridée par un travail
qui n'est jamais fait, Gonflée et sale de honte. Il verrait sur le front des
enfants Le signe de gouttière marqué Qui désigne les filles comme
étant des prostituées. , Cela condamne les garçons à être des porcs.

Alors Il disait : « À quoi servent les églises
Quand celles-ci n'ont nulle part où dormir ? Et comment puis-je vous
entendre prier Quand ils maudissent si profondément ? J'ai donné Mon
Sang et Mon Corps Afin qu'ils aient du pain et du vin, Et vous ont pris
votre part et la leur De mes bons cadeaux !

Alors certains riches seraient désolés,
Et tous auraient très peur, Et ils diraient : « Mais nous ne l'avons jamais
su, Seigneur ! Et Il dirait : « Tu ne t'en soucies pas ! » Et certains
seraient malades et honteux Parce qu'ils sauraient qu'ils savaient, Et les
meilleurs diraient : « Nous avions tort, Seigneur. Maintenant, dites-nous
quoi faire ! »

Je pense qu'il serait probablement assis,
pour que quelqu'un lui apporte une chaise,
avec un enfant ordinaire blotti sur ses genoux et le soleil commun sur
ses cheveux ; et ils se tiendraient devant lui, et il dirait , « Vous savez
que vous saviez.
Pourquoi n'as-tu pas travaillé pour tes frères
comme j'ai travaillé pour toi ?

"Car puisque vous êtes tous frères,
il est clair comme le soleil béni de Dieu que chacun doit travailler pour
les autres, et non des milliers travailler pour un. Et ceux qui ont vécu
sans rien faire, s'ils veulent que je les entende prier, laissez-les partir. et
travailler pour gagner leur vie. La seule manière honnête !

"Je n'ai rien de nouveau à te dire,
tu sais ce que j'ai toujours dit - mais tu as construit leurs os dans des
églises et volé leur vin et leur pain; toi avec mon nom sur ton front,
menteur, traître et fripon, Vous avez vécu de la mort de vos frères,
Ceux que je suis mort pour sauver !

J'aimerais qu'Il vienne et le dise ;
Peut-être qu'ils le croiraient alors, et qu'ils travailleraient comme des
hommes pour gagner leur vie, et qu'ils travailleraient comme des
hommes. Frères ? Ils n'y croient pas, Le mensonge sur leurs lèvres est
rouge. Ils ne croiront jamais jusqu'à ce qu'Il revienne, Ou jusqu'à ce
que nous ressuscitions d'entre les morts !